Seelenbuch Verlag

Danksagung

Dem *Glück* gehört mein Dank!

Bettina Gronow

ZITATE DER SEELE

Deine tägliche Dosis

Seelenbuch Verlag

Seelenbuch Verlag

© von Anbeginn bis 2024 ~ Seelenbuch Verlag

Herausgeberin	Bettina Gronow
Autorin	Bettina Gronow
Covergestaltung	Nathalie Geiger
Coverbild	Canva.com
Buchsatz	Laura Newman
Autorenfoto	Detlef Postler
Korrektorat	KorrA – Kerstin Thieme
Druck	Libri Plureos GmbH
	Friedensallee 273, 22763 Hamburg

2. Auflage

ISBN: 978-3-910337-83-1

All meinem Wirken und Sein gebe ich die Zutaten
der Liebe,
der Schönheit,
der Vollkommenheit und
der Vollendung hinzu.

BoD kümmert sich nach bestem Wissen und Gewissen darum, dass dieses Buch zu dir gelangt. Viele pflichtbewusste Aufgaben liegen in den Händen von BoD. Besten Dank dafür!

Natürlich befindet sich dieses Buch auch in der Deutschen Bibliothek und wird dort für die Nachwelt aufbewahrt. Hier wirst du fündig: https://www.dnb.de

Inhalt

Januar

1. JANUAR
Werde zur Ewigkeit!
Weit über deine Grenzen hinaus.

2. JANUAR
Treue, zu dir selbst und das ein Leben lang,
gibt dir Zuversicht.

3. JANUAR
Warum vergießen wir um des Glaubens willen Blut?

4. JANUAR
Sorge dich nicht. Glaube!

5. JANUAR
Welche Seele wohnt in dir?

6. JANUAR
Das Licht kommt auf die Welt und
direkt in unsere Herzen.

7. JANUAR
Welchen Grund kann es geben, nicht zu glauben?

8. JANUAR
Entfache das Feuer des Friedens,
wo immer du gerade bist.

9. JANUAR
In deinem Leben ist alles vorhanden. Frage dein
Herz, was es dir sagen möchte. Du wählst selbst,
an was du glaubst.

10. JANUAR
Es gibt Worte, die unsere Augen erfassen,
doch unsere Gefühle sprechen ebenso deutlich zu
uns, wenn wir uns ihnen hingeben.

11. JANUAR
Deine Gedanken sind wie lebendiges Wasser.

12. JANUAR
Es geht um das Handeln,
nicht um das Reden.

13. JANUAR

Folge demjenigen, der der war,
der der ist und der der sein wird.

14. JANUAR

Reichtum ist unter uns,
soweit unsere Augen sehen können.

15. JANUAR

Wenn unsere Seele spricht, sind dies nicht unsere
eigenen Worte, sondern höhere!

16. JANUAR
Wir sind ein einzigartiges Werk. Lasst uns demnach
miteinander gerecht und in Liebe leben.
Dafür sind wir hier.

17. JANUAR
Respekt uns allen gegenüber, ist das Mindeste,
was wir tun können.

18. JANUAR
Wenn du ausgetrocknet bist
und du dir nur äußerlich hilfst, dann wirst du bald
eine innerliche Wüste sein.

19. JANUAR
Du wählst selbst, an was du glaubst.

20. JANUAR
Ein edler Tropfen kann deinen Körper erwärmen,
doch dein Herz kann nur durch Liebe die richtige
Wärme finden.

21. JANUAR
Die, die wir glauben, haben es gut!

22. JANUAR

Stets sind die drei eine Einheit:
Herz, Geist und die Seele;
Gefühl, Gedanke und das Wort.

23. JANUAR

Klammere so fest du kannst und lass ihn nie los,
deinen Glauben.

24. JANUAR

Wenn du glaubst, du brauchst einen Teil deines
Körpers nicht und schenkst ihm daher wenig
Beachtung, so irrst du.

25. JANUAR
Herr, lass uns die Worte finden,
die deine Ohren erreichen können.

26. JANUAR
Es ist ungut zu glauben,
zwischen Himmel und Erde gäbe es nur Luft.

27. JANUAR
Du brauchst nicht zu suchen, denn es ist schon alles
da. Du musst es nur annehmen können.

28. JANUAR

Lerne zu warten und du wirst mehr erhalten, als du
dir heute vorstellen kannst.

29. JANUAR

Das Leben schenkt uns alles!

30. JANUAR

Gib mir deine Hand,
damit wir zusammen etwas bewegen können.

31. JANUAR

Deine Taten können groß sein,
wenn dein Herz noch größer wird.

Februar

1. FEBRUAR
Die Stille kehrt ein,
wenn dein Glaube zu dir zurückkehrt.

2. FEBRUAR
Ist es nicht wunderbar,
ein Teil Gottes zu sein?

3. FEBRUAR
Lass nicht ab von deinem Glauben,
denn er ist dein Leben.

4. FEBRUAR
Uns allen gehört der Friede
in unseren Herzen.

5. FEBRUAR
Gott bietet Trost für alle,
die reinen Herzens sind.

6. FEBRUAR
Mit großen Flügeln breitet sich sein Schutz
über dich aus.

7. FEBRUAR
Erfreue dich des Lebens, sei fröhlich
und trage die Freude in die Welt.

8. FEBRUAR
Ein langer Atem bringt uns
immer näher zusammen!

9. FEBRUAR
Eine himmlische Güte
steckt in jedem von uns.

10. FEBRUAR
Selig sind die,
die die Stimmen hören und in sich bewahren.

11. FEBRUAR
Lass das Böse draußen
und dafür lass das Gute sich in dir ausbreiten.

12. FEBRUAR
Mit Gottes Unterstützung sind wir all jenes,
was wir sein wollen!

13. FEBRUAR

Sind wir wie Schafe, die keinen Hirten haben?

14. FEBRUAR

Lass deine Stimme laut werden für all diejenigen,
die keine Stimme haben.

15. FEBRUAR

Zeige uns dein inneres Licht!

16. FEBRUAR
Deine Mitarbeit ist wichtiger,
als du denkst.

17. FEBRUAR
Ganz tief in unseren Herzen
sind wir uns treu!

18. FEBRUAR
Wann immer es nötig ist,
kehre um.

19. FEBRUAR
Wenn du gehört werden möchtest,
dann richte deine Worte gen Himmel.

20. FEBRUAR
Es gibt nur das eine
und das nennt sich dein Glaube.

21. FEBRUAR
Dein inneres Licht
bringt dich zum Leuchten.

22. FEBRUAR
Große Dinge und Wunder erlebst du,
wenn du dich auf seinen Pfaden bewegst.

23. FEBRUAR
Wehe denen ....,
und doch wählt jeder seinen eigenen Weg.

24. FEBRUAR
Durch deinen Glauben
fallen die Mauern.

25. FEBRUAR
Wenn er dich erkennt, dann sucht er dich auch,
wenn du verloren gegangen bist.

26. FEBRUAR
Lebe jeden Tag
wie neu geboren!

27. FEBRUAR
Deine wahre Stärke
ist dein Glaube!

28. FEBRUAR

Wir können unserer Welt mit leuchtenden Augen
und Hoffnung begegnen.

29. FEBRUAR

Wenn wir um etwas bitten,
dürfen wir auch etwas geben.

März

1. MÄRZ
Wer sind wir wirklich,
wenn wir mit unserem Herzen sprechen?

2. MÄRZ
Lass dein Feuer für uns leuchten.

3. MÄRZ
Überwinde deine Täler
mit einem sicheren Glauben.

4. MÄRZ
Wir können so viel mehr sein,
wenn wir einen festen Glauben haben.

5. MÄRZ
Du gestaltest deine Umgebung mit.
Entweder wird sie gottloser oder sie wird reich an
Gottesliebe sein.

6. MÄRZ
Wer bist du und was sind deine Aufgaben
in deinem Leben?

7. MÄRZ
Dienst du,
so dienst du uns und allen anderen.

8. MÄRZ
Dein geistlicher Reichtum
ist unendlich.

9. MÄRZ
Wenn du dein Herz öffnest,
dann wird sich auch der Himmel über dir auftun.

10. MÄRZ
Weiche nicht ab von deinem
Glauben und von deiner Hoffnung.

11. MÄRZ
Die Erfüllung deiner Wünsche
entspringt aus dir selbst.

12. MÄRZ
Wenn du aus tiefem Herzen handelst,
erschaffst du nichts Ungerechtes.

13. MÄRZ
Wenn deine Taten nicht zum Nutzen aller sind,
dann überdenke sie lieber noch einmal.

14. MÄRZ
Forme Gerechtigkeit,
in dir und um dich herum.

15. MÄRZ
Wenn ich aufwache, so denke ich an Dich;
wenn ich durch den Tag gehe, so rede ich zu Dir;
wenn ich zu Bett gehe, so bete ich mit Dir.

16. MÄRZ
Finde die wahren Perlen des Lebens
und schmücke dich mit ihnen.

17. MÄRZ
Auch du kannst göttliche Worte
in deiner Seele finden.

18. MÄRZ
Wir alle sind die Seinen.

19. MÄRZ
Sei für andere
ein Licht in der Dunkelheit.

20. MÄRZ
Deine Werte sollen auch unsere Werte werden.

21. MÄRZ
Trau dich, das zu leben,
was du tief in dir drinnen fühlst.

22. MÄRZ
Viele Werke, die um uns herum entstehen,
tragen Gottes Handschrift.

23. MÄRZ
Herr, ich leide. Nimm mich doch in den Arm
und lass mich bei dir ankommen.

24. MÄRZ
Wenn du dich bekennst,
dann ist Gott in deinem Geiste.

25. MÄRZ
Lebe in der Hoffnung
und in deinem Glauben.

26. MÄRZ
Wenn du die wahrhaftige Größe erlangen willst,
dann erforsche Gott.

27. MÄRZ
Die Ewigkeit steckt in jeder einzelnen Sekunde.

28. MÄRZ
Tu alles, was dir deine Seele aufgibt zu tun.

29. MÄRZ
Ich weiß, wo ich DICH finden kann.

30. MÄRZ
Du kannst deinen Weg suchen, ihn auch finden,
doch deine Schritte werden durch Gott gesetzt.

31. MÄRZ
Das Richtige wird sich dadurch zu erkennen geben,
dass es im Fluss ist, dass es fließt.

April

1. APRIL
Deine Worte werden nicht leer sein,
wenn du sie von deinem Geist füllen lässt.

2. APRIL
Wohl ergeht es dem,
der bei seinem Glauben angekommen ist.

3. APRIL
Bedauere nicht jenes,
zu dem du berufen bist.

4. APRIL

Führe ein gesegnetes Leben,
denn es ist um vieles leichter.

5. APRIL

Dort wo es in dir Licht wird,
ist dein Glaube zu Hause.

6. APRIL

Losungssatz: Wenn dein Wort offenbar wird,
so erfreut es uns und macht die Unverständigen
klug und weise.

7. APRIL

Vergebung. Vergebe dir, vergebe den Menschen,
damit die Liebe in dir, in uns wachsen kann.

8. APRIL

Gerechtigkeit ist nichts, was kommt und geht. Gerechtigkeit ist ein fester Bestandteil jeder Sekunde,
und doch sind wir nicht die Richter.

9. APRIL

Die Freundlichkeit in uns ist eine Flamme,
die wir jederzeit neu entfachen können.

10. APRIL

Sprechen wir offen über unseren Glauben
und was er in uns bewirkt!

11. APRIL

Sei wachsam und verwechsle nicht Gutes
mit Bösem.

12. APRIL

Wenn unser Glaube im selben Überfluss existieren
würde wie unsere materiellen Dinge,
hätten wir weniger Probleme.

13. APRIL

Geduldig kannst du durch dein Leben gehen,
wenn du Gott an deiner Hand hältst.

14. APRIL

Wenn du nach Ihm rufst, wird er dir auch
antworten. Doch solange du stumm bleibst, wird er
dich nicht hören.

15. APRIL

Zuversicht und Hoffnung kannst du ausstrahlen,
sobald du bei dir selbst angekommen bist.

16. APRIL
Wir können uns auch verbinden
und als Einheit leben.

17. APRIL
Wenn das Erste und das Letzte an einem Tag
deinen Glauben nährt, so ist dies recht.

18. APRIL
Was deiner Seele anvertraut wurde,
ist auch für dich bestimmt.

19. APRIL
Wenn du aussäst, kannst du auch ernten.
Wenn du nichts aussäst, kannst du nur zusehen.

20. APRIL
Der Frieden ist in uns,
denn er wurde uns gegeben.

21. APRIL
Du wirst Trost, Hoffnung und Gnade finden,
besonders dann, wenn du sie am meisten brauchst.

22. APRIL

Kennst du sie noch, die Pausen in deinem Leben,
die Gott gehören?

23. APRIL

Alles was geschehen soll, wird geschehen,
ob du es willst oder nicht.

24. APRIL

Dein Erbe ist nichts Geringeres als der Heilige Geist,
das Licht und die Liebe.

25. APRIL
Viele werden dich wegschicken,
doch er nicht.

26. APRIL
Nimm den Hass in dein Herz auf
und er wird dich zu Grunde richten.

27. APRIL
Reinige meine Seele, denn die Flecken
meiner Missetaten breiten sich zu sehr aus.

28. APRIL

Lass dich durch Gott stärken,
egal welches Alter du innehast.

29. APRIL

Lass die Dankbarkeit
zu deinem besten Freund werden und dein Leben
wird um viele Dinge bereichert werden.

30. APRIL

Dein Schatz liegt im Himmel begraben
und nicht auf der Erde.

Mai

1. MAI
Für die vollkommene Freude in dir
wirst du Gott an deiner Seite brauchen.

2. MAI
Das Wasser des Lebens wird dich durchströmen,
dazu musst du es nur zu dir nehmen.

3. MAI
Es gibt keine unfehlbaren Seelen, nur solche,
die falsche Ziele verfolgen.

4. MAI
Fühle die Güte,
die in dir schlummert und trage sie ans Licht.

5. MAI
Die Ungerechtigkeit kann dich in die Knie zwingen,
kann dir deine Kräfte nehmen,
doch deinen Glauben bekommt sie nie.

6. MAI
Immer dann, wenn du glaubst,
deine Taten sind unwichtig und klein, immer dann
kannst du sicher sein, werden sie mehr als gesehen.

7. MAI
Auch wenn wir glauben, wir wissen nichts,
können wir dennoch klug handeln, indem wir uns
auf unsere Werte berufen.

8. MAI
Wenn sich deine Besitztümer anhäufen,
dich materielle Dinge blenden, dann vergiss nicht,
dass dein Geist noch in dir wohnt und er damit
wenig anfangen kann.

9. MAI
Wenn wir zugleich unsere Herzen öffnen,
werden wir auch zugleich empfangen.

10. MAI
Du bist kein Fremder,
wenn du an Gottes Tür klopfst.

11. MAI
Hat Gott für dich noch nichts getan?
Glaubst du, er hat dich übersehen?
Dann schau einmal genauer hin.

12. MAI
Mit Gottes Hilfe kann deine Liebe
unendlich wachsen. Das gilt für dich
sowie für deinen Nachbarn.

13. MAI
Wenn du für dich den schnellen Untergang willst,
sei undankbar, lebe im Überfluss
und sei verschwenderisch.

14. MAI
Nicht einer trägt die Lasten des Lebens!

15. MAI
Du glaubst, du kannst dem Tode entkommen?
So lass dir sagen, es mag viel in unserer Macht liegen,
doch unser Leben liegt in Gottes Händen.

16. MAI

Durch den heiligen Geist, der in dir wohnt,
besitzt du mit Gott einen festen Bund. Diesen Bund
kannst du jeden Tag für dein Leben nutzen.

17. MAI

Diejenigen, die Kinder Gottes geblieben sind,
diejenigen werden sich selig und beschützt fühlen.

18. MAI

Gott verschont uns, doch der Mensch selbst
sorgt für viel Trauer und Hass.

19. MAI

Dein Körper wird reifen, doch wenn es dein Geist
nicht ebenso tut, dann erinnere dich
an die Leichtigkeit aus deiner Jugend und lass
deinen Geist wieder frei atmen.

20. MAI

Begib dich in die Hände Gottes
und deine Kraft wird spürbar ansteigen.

21. MAI

Solltest du hinfallen, dann steh wieder auf. Solltest
du dich verlaufen, dann such den rechten Weg.
Solltest du dabei Hilfe brauchen, dann frag bei Gott
nach, er steht über allen Dingen.

22. MAI
Sei dir gewiss, er wird dich prüfen,
um dein reines Herz offenzulegen.

23. MAI
Wenn du frei sein willst, dann lass dich fallen und
finde dich lebendig im Himmel auf Erden wieder.

24. MAI
Sei wie ein Baum, der seine Wurzeln tief in die Erde
gräbt, damit er den Stürmen standhalten kann.

25. MAI

Wir wissen so oft so wenig über das Leben,
über den Sinn und das große Ganze.

26. MAI

Der Tag wird kommen, wo du dich gesehen
und verstanden fühlst. Halte dich bereit.

27. MAI

Sei neugierig ein Leben lang
und genieß das Ungewisse wie ein kleines Kind.

28. MAI

Das Abenteuer des Lebens wartet auf dich,
doch ob es ewig wartet, wird es dir nicht verraten.

29. MAI

Nimm deinen Glauben in deine Hände
und forme ihn zu einem Herz.

30. MAI

Der Geist Gottes wird sich unendlich
in dir ausbreiten, sobald du ihm die Tür öffnest.

31. MAI

Du kannst denken und fühlen, also kannst du dich
auch für den richtigen Weg entscheiden.

Juni

1. JUNI

Es gibt richtige Entscheidungen, die du getroffen
hast, in Augenblicken, wo du dir nicht sicher warst,
doch deine innere Stimme hat dich geleitet.
So darf es wieder und wieder geschehen.

2. JUNI

Die große bunte Welt steht dir offen und doch ist
der nächste Schritt, der vor dir liegt, der wichtigste.

3. JUNI

Deine Gedanken mögen manchmal unsortiert sein,
doch das macht nichts, denn auch in der Natur gibt
es ein gedachtes Chaos.

4. JUNI

Wenn Reichtum und Besitzgüter um dich herum emporsteigen wie gigantische Hochhäuser, dann erinnere dich an den wahren Ursprung der Fülle.

5. JUNI

Es ist eines, jemanden zu lieben, ein anderes ist es, sich selbst zu lieben und zu achten.

6. JUNI

In dem Moment, wo du merkst, wie Gott dich auffängt, wenn du zu fallen drohst, in diesem Augenblick wirst du dich wirklich sicher fühlen.

7. JUNI

Du glaubst vielleicht, er hört dich nicht,
doch nur weil du ihn rufst, heißt es noch lange
nicht, dass er sofort antwortet.
Hab Geduld und Vertrauen.

8. JUNI

Es gibt Antworten, die wollen wir nicht hören,
daher sehen wir sie auch nicht.

9. JUNI

Alles ergibt einen Sinn und so wie es passiert,
ist es auch richtig, auch wenn wir selbst denken,
dass es nicht wahr sein kann.

10. JUNI

Du bist ein Mensch und zugleich
ein Teil Gottes – vergiss das nie.

11. JUNI

Wenn du das Licht am Ende des Tunnels
nicht erblicken kannst, dann mach dir Licht auf
deinem Weg dorthin.

12. JUNI

Wünsche dir so klar, wie du nur kannst,
die Dinge in dein Leben, die auch anderen
Menschen dienen.

13. JUNI

So viele streben nach Ruhm, doch das wahre Glück
werden sie dort nicht finden.

14. JUNI

Wenn du deine kostbare Zeit vergeudest,
dann kannst du alles Geld der Welt aufbringen,
doch diese Zeit wirst du nie wieder zurückholen.

15. JUNI

Begegnest du einem Menschen,
der dir weniger weise erscheint als du, dann zeig
ihm das Licht in seinem Geiste, anstatt ihn im Dun-
keln stehen zu lassen.

16. JUNI
Die Natur schenkt dir Wunder,
nutze sie!

17. JUNI
Deine Hände sind nicht nur zum Arbeiten da,
sondern auch zum Heilen.

18. JUNI
Der Grund deines Daseins bringt Fragen,
aber auch Antworten mit sich. Kennst du diese?

19. JUNI
Auch wenn die Menschen nicht an dich glauben,
so wird es Gott tun,
wenn du auf dem richtigen Weg bist.

20. JUNI
Die Liebe kann nur von Herzen kommen,
alles andere hat nichts mit Liebe zu tun.

21. JUNI
Erfühle, welche Menschen sich
an deine Seite stellen sollen und welche nicht.

22. JUNI
Du wirst das sein, was dich umgibt,
wenn du dich nicht selbst findest.

23. JUNI
Ohne dein Leben wird es deinen
ganz persönlichen Beitrag nicht geben.

24. JUNI
Nimm deine Aufgaben an
und verschenke nicht dein Leben.

25. JUNI
Denke nie, du bist unbedeutend oder klein.

26. JUNI
Das, was kommen mag, wirst du nie erahnen
können, denn es liegt nicht in deiner Macht.

27. JUNI
Heute mag es so sein, wie es ist,
doch morgen kann sich das Blatt schon mehr als
einmal gewendet haben.

28. JUNI
Erst wenn du anderen dienst,
kannst du sagen, du bist von wahrem Nutzen.

29. JUNI
Es ist die Absicht, die entscheidend ist,
nicht die Handlung.

30. JUNI
Strauchelst du, so wird er dir Halt geben, fällst du,
so wird er dich wieder aufrichten und geht es dir
gut, so freut er sich mit dir.

Juli

1. JULI

Betrügst du dein Umfeld, fügst du dir zugleich
selbst einen Schaden zu, denn du bist ebenso dein
Umfeld.

2. JULI

Nicht an Gott zu glauben, heißt nicht,
dass du dadurch deine innere Flamme auslöschen
kannst.

3. JULI

Zu Staub und Asche wirst du einst werden,
doch dein Weg dorthin kann sehr lebendig sein.

4. JULI
Wer hat unsere Seelen erschaffen?
Wer vermag so eine Vollkommenheit zu erzeugen?

5. JULI
Gott lebt unter uns, in uns und über uns,
zu jeder Zeit.

6. JULI
Wenn wir warten, wird sich nicht viel verändern,
doch wenn wir lebendig leben und uns
zusammentun, wird Großes entstehen.

7. JULI
Wenn wir Frieden wollen,
müssen wir zuerst in Frieden mit uns selbst leben.

8. JULI
Deine Wunden werden heilen,
wenn du sie nicht andauernd wieder aufreißt.

9. JULI
Ob du verwaist, verwahrlost oder völlig vom Weg
abgekommen bist, bei Gott
wirst du deswegen nicht abgelehnt.

10. JULI

Gottes Stimme erklingt durch die Stimmen der
Menschen, lausche ihnen daher gewissenhaft.

11. JULI

Weder ein Opfer noch ein Täter sind frei,
daher wähle lieber keines von beiden.

12. JULI

Rettung, Halt und Hoffnung
liegen vor deinen Füßen, doch bücken musst du
dich schon selbst danach.

13. JULI

Du wirst ein Segen für dich und die Menschen sein,
wenn du durch dein Herz sprichst.

14. JULI

Die Sünden sind sichtbar und auch wenn es nicht
deine Sünden sind, kannst du sie auf dich nehmen
und so beseitigen.

15. JULI

Spring mit Gott über Mauern,
anstatt ohne Gott in den Abgrund.

16. JULI
Wie sieht er aus, dein Glaube?
Kannst du ihn uns zeigen?

17. JULI
Lösch den Geist in dir nicht aus,
sonst wirst du leer sein.

18. JULI
Gott zeigt dir die Dinge,
die tief in dir verborgen sind.

19. JULI
Verschließe deine Augen nicht vor dir selbst
und auch nicht vor deiner Seele.

20. JULI
Du kennst die Bedeutung der Versöhnung,
also kannst du sie auch anwenden.

21. JULI
Wandere auf richtigen Wegen
und verachte nicht das Leben.

22. JULI
Wenn die Not über dir zusammenbricht,
erinnere dich daran, was dich wirklich ausmacht.

23. JULI
Du wirst die wahre Leere nicht erleben,
solange du dich Gott zuwendest.

24. JULI
Frieden darf dein höchstes Gebot sein.

25. JULI
Schau dich um und erkundige dich bei den Seelen
links und rechts von dir, ob es ihnen gut geht.

26. JULI
Dein Wort ist stark,
doch deine Taten werden noch stärker sein.

27. JULI
Das Licht wird für dich scheinen,
die Wärme dich umgeben, solange du selig lebst.

28. JULI
Ich will dich annehmen, so wie du bist,
so nimm auch du mich an, so wie ich bin.

29. JULI
Sein Heil wird kommen und dich segnen.

30. JULI
Was Gott zu dir spricht, das kann er auch tun.

31. JULI
Richte deine Augen gen Himmel,
damit du deinen Fokus behältst.

August

1. AUGUST
Strecke deine Hand aus
und greife nach deinem Leben.

2. AUGUST
Bevor du deine Sünden an Gott übergibst,
werde dich ihrer bewusst.

3. AUGUST
Deine Freude wird unendlich sein
und das ist auch so gewollt.

4. AUGUST
Seine Worte erklingen überall, auch dort,
wo du sie nicht vermutest.

5. AUGUST
Die Nähe wird dich stärken
und dir Frieden bringen.

6. AUGUST
Gottes Helfer werden dir ihre Hände reichen,
wenn du sie wirklich brauchst.

7. AUGUST
Gottes Gaben an die Erde gehören niemanden und
daher gibt es auch kein Anrecht auf sie.

8. AUGUST
Das Leben ist reich an allem, was du brauchst,
um im Glück zu leben.

9. AUGUST
Vergebt einander
und eure Wunden werden sich schließen.

10. AUGUST
Deine Stimme darf gehört werden
und sie darf auch deine Mitmenschen bewegen.

11. AUGUST
Gott führt dich an der Hand,
denn er hat dich gerufen.

12. AUGUST
Wir haben es mit unseren Ohren gehört,
doch sehen müssen wir es mit unserem Herzen.

13. AUGUST

Gott wird es gefallen, wenn du dein Herz
weit öffnest, wie die Tore einer Stadt.

14. AUGUST

Sieh zu deiner Rechten, sieh zu deiner Linken
und frag dich, wer da wirklich neben dir steht.

15. AUGUST

Alles hat seine Zeit und alles hat seinen Raum,
verschieben kannst du keines davon.

16. AUGUST
Zuhören kannst du jedem Menschen,
doch gehorchen solltest du nur deiner Seele.

17. AUGUST
Eine falsche Miene wird einen verraten,
meilenweit.

18. AUGUST
Solltest du deine Seele nicht mehr spüren,
ist es an der Zeit umzukehren.

19. AUGUST

Bete zu Gott und der Sinn deines Lebens
kommt zu dir zurück.

20. AUGUST

Wenn du Dinge tust, die deiner Seele missfallen,
kann das ungut ausgehen.

21. AUGUST

Wir Menschen sind Ebenbilder Gottes
und somit zu viel mehr fähig.

22. AUGUST
Fang an zu handeln, komm ins Tun und du wirst
diesen Weg nicht allein gehen.

23. AUGUST
Der Fisch geht dir ins Netz,
wenn du es am wenigsten erwartest.

24. AUGUST
Freu dich über das Leben und darüber,
was Gott dir alles gibt.

25. AUGUST

Du kannst dich geduldig zurücklehnen
und auf Gottes Wunder warten.

26. AUGUST

Geh im Licht Gottes
und nicht in deinem eigenen Schatten.

27. AUGUST

Prophetisch kann dein Wort sein,
welches sich an deine Mitmenschen richtet.

28. AUGUST

Lerne aus der Natur, sie ist von Gott erschaffen und kann somit so viel mehr lehren, als wir allein mit unseren Augen sehen können.

29. AUGUST

Nimm dich so an, wie dich Gott geformt hat, denn alles ist gut und richtig, so wie es ist.

30. AUGUST

Wenn du die Angst und die Not nicht kennst, musst du auch nicht nach ihr suchen.

31. AUGUST

Jage dem Gutem nach und lass das Böse außen vor.

September

1. SEPTEMBER
Das Leben packt dich und bringt dir
deine Leidenschaft, wenn du dich ihm hingibst.

2. SEPTEMBER
Die Nacht bringt Dunkelheit für die einen
und Schutz und Geborgenheit für die anderen.

3. SEPTEMBER
Du darfst es hoffen, du darfst dran glauben
und es wird geschehen.

4. SEPTEMBER

All die Herzen, die sich nach Dir sehnen,
werden von dir gesehen werden.

5. SEPTEMBER

Alle Sünder unter uns können umkehren
und sich ihrer Sünden bewusst werden.

6. SEPTEMBER

Dein Mund verkündet das,
was dein Herz in sich trägt.

7. SEPTEMBER
Der Herr will dich behüten
und dich begleiten ein Leben lang.

8. SEPTEMBER
Du magst die Stimmen überhören können,
doch deine Seele kann sie nicht ignorieren.

9. SEPTEMBER
Aller Anfang ist schwer,
das betrifft auch deinen Glauben.

10. SEPTEMBER

Kannst du dir vorstellen, ganz einzutauchen
und dich einfach nur leiten zu lassen?

11. SEPTEMBER

Deine Wege sind so, wie sie sind
und sie sind für dich bestimmt.

12. SEPTEMBER

Gott sendet dir Stimmen, Zeichen und eindeutige
Hinweisschilder, doch wenn du sie nicht annimmst,
kann Gott nichts dafür.

13. SEPTEMBER

Ein Teil in dir gehört zum göttlichen Reichtum,
also sperre ihn nicht aus.

14. SEPTEMBER

Deine Taten werden dein wahres Gesicht zeigen.

15. SEPTEMBER

Wir können uns an manchen Tagen ausruhen,
doch still stehen bleiben dürfen wir nie.

16. SEPTEMBER
Es werden Zeiten auf dich zukommen,
in denen du eine geistliche Hand benötigen wirst.
Gott kann dir diese Hand reichen.

17. SEPTEMBER
Der Himmel über dir tut sich auf und du denkst,
er verschlingt dich, doch stattdessen bringt er nur
reinigendes Wasser mit sich.

18. SEPTEMBER
Wenn du deine Fehler kennst,
kannst du sie lieben lernen.

19. SEPTEMBER
Zu Engeln können wir für andere werden,
wenn wir es nur selbst wollen.

20. SEPTEMBER
Deine Hand kann Gutes tun,
wenn du sie richtig verwendest.

21. SEPTEMBER
Warte, bis die Dinge in dir erblühen
und sich voll entfalten.

22. SEPTEMBER
Sieh die Liebe in den Menschen,
sieh mit Gottes Augen.

23. SEPTEMBER
Erforsche die Ursachen,
anstatt sie mit etwas zu überschmieren.

24. SEPTEMBER
Deine Größe wird sich dann zeigen,
wenn du anderen dienen darfst.

25. SEPTEMBER
Lass dein Herz sich weiten, soweit es möglich ist.

26. SEPTEMBER
Dein Leben kennt dich besser, als du glaubst,
mach ihm also nichts vor.

27. SEPTEMBER
Dein Glaube darf einfach sein.

28. SEPTEMBER

Gott wird dir helfen,
wenn er deine Stimme hören kann.

29. SEPTEMBER

Mach dich nicht unnötig schuldig,
denn deine Seele ist rein.

30. SEPTEMBER

Alles, was du benötigst, liegt vor dir.
Du musst es nur sehen und erkennen können.

Oktober

1. OKTOBER
Nutze deine Werte
und lass dich von ihnen durchs Leben tragen.

2. OKTOBER
Nimm an, was recht ist, lass gehen,
was unrecht ist.

3. OKTOBER
Entscheide dich, welchen Weg du gehen willst.

4. OKTOBER
Bleibe nicht so, wie du bist, wenn du weißt,
dass du Schlechtes tust.

5. OKTOBER
Trau dich und verfolge deinen Glauben.

6. OKTOBER
Nimm deine Hände,
falte sie und vereine so dein Inneres.

7. OKTOBER
Du brauchst dich nicht zu schützen vor anderen,
sie können dir nichts antun.

8. OKTOBER
Schöpfe Kraft in den Tiefen deines Glaubens.

9. OKTOBER
Wenn du nicht bleiben kannst, dann geh.
Doch wohin du auch gehst,
bleibe bei deinem Glauben.

10. OKTOBER
Du kannst für dich beten und auch für andere.

11. OKTOBER
Zieh in die Welt hinaus und zeige uns,
was alles in dir steckt.

12. OKTOBER
Bereite dich auf deine Aufgaben gut vor
und stärke deinen Glauben.

13. OKTOBER
Auch wenn sich links und rechts
andere Wege aufzeigen, kann deiner dich weiterhin
zu Gott führen.

14. OKTOBER
Erschaffe eine Stille in dir,
damit du die wahren Stimmen hören kannst.

15. OKTOBER
Wir Menschen passen nicht immer und überall
zusammen, doch gibt es sie,
die für ewig zusammenbleiben sollen.

16. OKTOBER
Zauberhafte Töne begleiten dich,
wenn deine Seele ankommen darf.

17. OKTOBER
Leicht wird dein Weg sein,
wenn du dich in Gottes Hände begibst.

18. OKTOBER
Die Begegnungen sind prägend,
wenn du es zulässt.

19. OKTOBER
Öffne die Tür zu deinem Herzen
und lass die Liebe einziehen, jeden Tag aufs Neue.

20. OKTOBER
Hell scheint das Licht am Horizont,
auch wenn es hinter dir dunkel ist.

21. OKTOBER
Verschaffe dir genügend Freiheit,
um deinen Glauben lebendig leben zu können.

22. OKTOBER

Lass das Leben auf dich zukommen,
ganz so, wie es sich vor dir ausbreitet.

23. OKTOBER

Nähre dein geistliches Wissen
und du nährst deine Persönlichkeit.

24. OKTOBER

An deine guten Taten wird man sich
gerne erinnern – heute, morgen
und noch weit darüber hinaus.

25. OKTOBER
Dein Glaube darf dich begleiten,
wohin du auch gehst.

26. OKTOBER
Mach es ebenso zu deiner Aufgabe,
anderen eine Stütze zu sein.

27. OKTOBER
Die Sterne sind ganz nah,
wenn wir nach ihnen greifen.

28. OKTOBER

Dein Ebenbild sollte dich erfreuen,
nicht erschrecken.

29. OKTOBER

Ordnung in deinem Leben
schafft Ordnung in deinem Geist.

30. OKTOBER

Die Zeit dreht sich,
dreh dich und wachse mit ihr.

31. OKTOBER

Lass ab von all dem, was dich belastet.

November

1. NOVEMBER
Sei ein Hüter der Liebe und beschütze sie.

2. NOVEMBER
Du wirst leben und nur in Fülle sterben.
Hab Vertrauen.

3. NOVEMBER
Lerne in Gerechtigkeit zu leben.

4. NOVEMBER
Stell dich immer auf die Sonnenseite,
denn das Licht spendet dir mehr Freude
als die Dunkelheit.

5. NOVEMBER
Alle Kanten und Ecken an dir
sind wertvoll und schön.

6. NOVEMBER
Gott liebt dich so, wie du bist,
denn genau so hat er dich geformt.

7. NOVEMBER
Die Fülle in deinem Herzen kann nie genug sein.

8. NOVEMBER
Die Kreise schließen sich nur dann, wenn es an der Zeit ist. Jeder einzelne Schritt kann dich näher zu Gott bringen.

9. NOVEMBER
Wir dürfen uns fallen lassen bis zum Grund, Gott wird uns halten.

10. NOVEMBER
Die Sünde schadet uns und sie schadet dir.
Lass sie lieber am Wegesrand liegen.

11. NOVEMBER
Du hast Macht, doch die Hand über dir
ist mächtiger.

12. NOVEMBER
Mach dich auf und verkünde die Worte,
die von deinem Herzen kommen.

13. NOVEMBER

Einen Menschen zu segnen, ist eine Fähigkeit,
die in jedem von uns steckt.

14. NOVEMBER

Folge der Freude, der Leichtigkeit und deinem
Lächeln, dann kommst du schneller ans Ziel.

15. NOVEMBER

Lob gehört all denen,
die um dich herum sind.

16. NOVEMBER
Ich sage dir, geh! Geh und werde frei.

17. NOVEMBER
Schließe deine Augen
und finde Trost in der Ruhe.

18. NOVEMBER
Wann immer du in dir Frieden brauchst,
wird er da sein.

19. NOVEMBER

Auch deine Seele darfst du immer wieder streicheln
und ihr zeigen, wie sehr du ihr verbunden bist.

20. NOVEMBER

Es wird keiner dich verdammen können,
wenn du Gott in deinem Herzen trägst.

21. NOVEMBER

Deine Kräfte sind unendlich groß und stärken dich,
sobald du sie benötigst.

22. NOVEMBER

Verbinde dich mit deinen Wurzeln
und dann triff Entscheidungen.

23. NOVEMBER

Fühle die Hand über dir, die dich begleitet
und leitet.

24. NOVEMBER

Die Zeit wird um dich herum stillstehen,
wenn du in dich kehren möchtest.

25. NOVEMBER
Deine Werke werden gelingen,
sobald du mit reinem Herzen darum bittest.

26. NOVEMBER
Gold und Silber kannst du an dich nehmen, doch du
musst sie auch weitergeben, damit sie wieder zu dir
kommen können. Alles darf im Fluss sein.

27. NOVEMBER
Gott kann dir vergeben,
doch du selbst solltest vorangehen.

28. NOVEMBER

Sei froher Dinge,
denn alles passiert zu deinem Besten.

29. NOVEMBER

Lausche denen, die deine Sprache sprechen
und erfreue dich ihrer Gedanken.

30. NOVEMBER

Du bist der wichtigste Mensch in deinem Leben,
Vergleiche sind daher unnötig.

Dezember

1. DEZEMBER
Der Boden unter deinen Füßen wird dich tragen,
durch alle Ewigkeit.

2. DEZEMBER
Wenn du zur Ruhe kommen willst,
dann höre auf zu reden und lausche Gott.

3. DEZEMBER
Wir danken dir für dein Sein.

4. DEZEMBER

Jeder braucht einen Anker, der ihm Zuversicht gibt,
wenn er Großes vorhat.

5. DEZEMBER

Du wirst ein Sieger sein, wenn du dies möchtest.
Du wirst Großes bewegen, wenn du dies möchtest.

6. DEZEMBER

Warte nicht auf den perfekten Moment,
denn den gibt es nicht.

7. DEZEMBER
Breite deine Flügel aus und heb ab.

8. DEZEMBER
Du darfst auch ein Opfer bringen,
damit dein Werk richtig groß wird.

9. DEZEMBER
Du kannst hier und dort einen Samen fallen lassen
und du kannst die Welt mit dir übersäen,
das Ergebnis wird nicht das gleiche sein.
Entscheide dich.

10. DEZEMBER
Wenn du Gottes Ideen nicht festhältst
und sie umsetzt, dann ziehen sie weiter,
bis sie von jemandem umgesetzt werden.

11. DEZEMBER
Entfache die Freude in dir und tanze durch den Tag.
Denn das gefällt auch Gott.

12. DEZEMBER
Genieße den Ausblick auf dein zukünftiges Leben
schon heute und vertraue auf die Bilder, die dir zu-
geschickt werden.

13. DEZEMBER
Den Geboten zu folgen, ist nicht schwer,
schwer ist es, ihnen nicht zu folgen.

14. DEZEMBER
Bist du genervt, genervt vom Leben?
Oder vielmehr genervt von dir, weil du dich von
deiner Bestimmung ablenken hast lassen?
Dann kehre um.

15. DEZEMBER
Die Zuversicht kommt und steigt endlos an,
hab Vertrauen!

16. DEZEMBER
Du kannst viel mehr geben, als du uns heute gibst.
Sei daher nicht sparsam,
denn wir werden es dir mehr als danken.

17. DEZEMBER
Deine reinen Gedanken interessieren uns,
teile sie mit uns, nur so können wir dich besser
verstehen.

18. DEZEMBER
Wenn du denkst, es geht nicht, dann finde einen
Weg, dir das Gegenteil zu beweisen.

19. DEZEMBER
Wenn du nur noch ein paar Wochen zu leben hättest,
was würdest du uns hinterlassen wollen?

20. DEZEMBER
Manche Umstände können dich fesseln,
dich sogar lähmen und doch
werden sie dich zugleich wachsen lassen.

21. DEZEMBER
Vieles, was von uns Menschen gesagt wird,
ist nicht förderlich. Eine Unterhaltung mit Gott
dagegen immer.

22. DEZEMBER
Kennst du die Ablenkungen vom Leben?
Sie kommen nicht von Gott,
lass sie daher lieber weiterziehen.

23. DEZEMBER
Deine Grenzen sollten bis vor Gottes Tür reichen,
ansonsten wirst du dir
und deiner Seele nicht gerecht.

24. DEZEMBER
Das größte Geschenk, welches du dir und uns ma-
chen kannst, ist wenn du dein Leben lebst.

25. DEZEMBER

Nutze die besinnliche Zeit und fang an zu träumen.
Fang an groß zu träumen,
damit Großes entstehen kann.

26. DEZEMBER

Nicht jeder von uns ist schon so weit,
dass er seinen Weg gehen kann, daher reiche ihm
die Hand, wenn du schon weiter bist.

27. DEZEMBER

Du bist schön, noch schöner bist du,
wenn du von innen heraus strahlst.

28. DEZEMBER

Gott hat mehr Humor, als wir uns vorstellen können.
Daher sei lustig und lache.

29. DEZEMBER

Vertraue dir, vertraue deiner inneren Seele,
denn sie steht mit Gott in Verbindung.

30. DEZEMBER

Streichle deine Seele
und du streichelst zugleich Gott.

31. DEZEMBER

Das eine Jahr endet und das neue wartet schon
gespannt auf dich. Was es dir schenken wird? Großes, wenn du bereit bist.

Über die Autorin

2015 trat ich meine Reise als Autorin an. Eine Reise und oft auch ein Abenteuer, bei dem ich nicht im Geringsten ahnte, wohin es mich führen wird.

Erst entstand ein Buch. Ganz naiv und einfach so habe ich es veröffentlicht. Dann folgte ein zweites und jetzt sind es über dreizehn Bücher, die ich herausgegeben habe. Und es werden noch mehrere Bücher kommen, denn das Schreiben lässt mich nicht los.

Ich träume davon, dass ich schreiben soll. Eine unsichtbare Hand schiebt mich immer dann nach vorn, wenn ich mal wieder eine Weile nicht geschrieben habe. Diese Hand ermahnt mich sanft, diesen Weg immer weiterzugehen, egal wohin er führen mag.

Daher, wir wissen nie, was das Leben mit uns vorhat, doch wenn wir uns darauf einlassen, dürfen wir oft Spannendes erleben.

Dank meiner Bücher kann ich dich heute auf vielen Ebenen inspirieren, ich kann meine Gedanken mit dir teilen und sie zugleich in die Welt tragen. So kann ich das leben, was mein Herz sich wünscht.

Heute begleiten mich die verschiedensten Menschen auf meinem Weg und du bist jetzt einer davon. Denn durch die Zeilen in meinen Büchern sind wir verbunden. Die Worte sprechen zu dir, so als wenn ich sie dir direkt erzählt hätte.

Egal wo ich lebe und noch leben werde, das Schreiben wird etwas sein, was ich überallhin mitnehme. Es wird mich wohl bis ans Ende meiner Tage begleiten. Und das ist gut so, denn so inspiriere ich Menschen nicht nur zum Lesen, nein, viele Menschen habe ich auch dazu inspirieren können, ihr eigenes Buch zu schreiben. Du musst wissen, sein eigenes Buch zu schreiben, das ist ein ganz besonderer Prozess und zugleich eine sehr schöne Erfahrung.

Daher, wir wissen nie, was das Leben noch alles mit uns vorhat!

For a better life
Bettina Gronow

Buchempfehlungen

Bettina Gronow

Wörter der Seele

Finde deinen Glauben in dir

101 Gedichte vereint
mit 101 Gebeten.

Dieses Buch vereint
Gedichte und Gebete,
welche uns nachdenklich,
fröhlich und zugleich
hoffnungsvoll stimmen.

Bettina Gronow

Seelenfrequenz
Verbindung

Dein Leben verbunden mit
deiner eigenen Frequenz.

Ich zeige dir in diesem Buch,
wie du dich mit deiner
Seelenfrequenz verbinden
kannst.

Bettina Gronow

Leih mir deine Augen, ich leih dir mein Herz

Von einer Essstörung zu einem genialen Leben!

Von A bis Z bietet dir dieses Buch neue Lösungsansätze für ein entspanntes Essverhalten.

Bettina Gronow

Nimm ab, weil du weißt, wie es geht!

Das Abnehmbuch ohne Regeln und Verbote.

Dieses Buch bringt dich bis an dein Ziel.

Bettina Gronow

AN 365 TAGEN

Dein Tagesbegleiter
in deutsch.

Greife nach den Sternen
am Himmel anstatt nach
den Steinen am Boden.

Bettina Gronow

365 TAGE LEBENSENERGIE

Dein Tagesbegleiter
in 4 Sprachen.

Greife nach den Sternen
am Himmel anstatt nach
den Steinen am Boden.

Bettina Gronow

FrauenLichtBlick

Ein Buch mit vielen
Lichtblicken direkt aus
dem Leben.

Vielseitig,
abwechslungsreich,
schnörkellos.

Bettina Gronow

16 Plus
Deine Heldenreise

Herzlich willkommen.
Dein Leben wartet
auf dich.

Deine Heldenreise
beginnt jetzt.